EHAPA COMIC COLLECTION
Postfach 10 12 45, 70011 Stuttgart
Übersetzung aus dem Französischen: Pia Pfau
Chefredaktion: Michael Walz
Verantwortlicher Redakteur: Andreas Boerschel
Lettering: Yannick Fallek
Gestaltung: Wolfgang Berger
Originaltitel: «La cuisine avec Astérix»
© Les Editions Albert René/Goscinny-Uderzo, 1991
Veröffentlichung mit Genehmigung von Les Livres du Dragon d'Or
Veröffentlicht in deutscher Sprache von
EHAPA VERLAG GMBH, Stuttgart 1993
Druck: Printer Trento; Verarbeitung: L.E.G.O., Italien
ISBN 3-7704-0453-X

Kochspaß mit Asterix

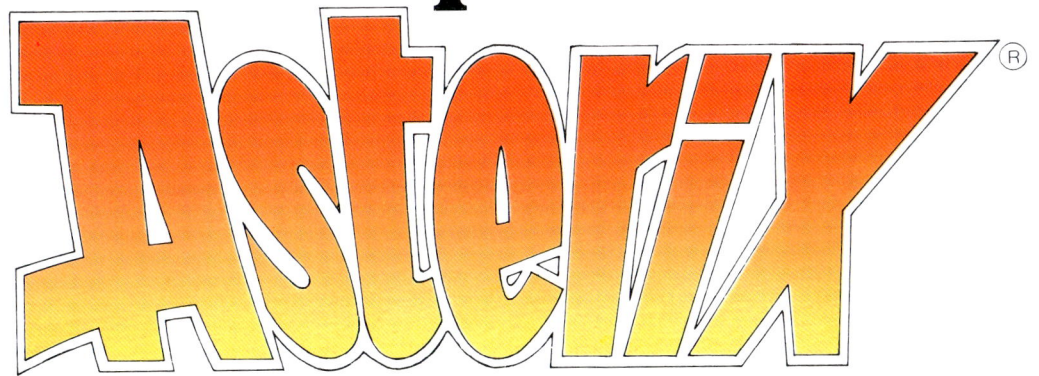

Essen wie Gott in Gallien

Zeichnungen: Albert Uderzo

Rezepte: Marie-Christine Crabos

INHALT

Ich kann's kaum erwarten, diese ganzen Leckereien zu probieren, Asterix!

Vorspeisen und Salate

Roquefortzwieback Majestix	Seite 8
Römische Liegen	Seite 10
Knackiger Salat für Legionäre	Seite 12
Sardinenschnitten Verleihnix	Seite 14
Gemüsefondue nach Seewirtart	Seite 16
Exotischer Pampelmus-Salat	Seite 18
Bunter Druidensalat	Seite 20
Orandschades gefüllte Tomaten	Seite 22

Hauptgerichte

Rindfleischbällchen aus Gergovia	Seite 24
Spießchen nach Art der Gladiatoren	Seite 26
Hähnchenkeulen à la Gutemine	Seite 28
Kartoffelauflauf der Kompagnie	Seite 30
Talentixburger	Seite 32
Hot dogs Idefix	Seite 34
Korsisches Risotto mit Hähnchen	Seite 36
Normannische Lachsspaghetti	Seite 38

Süßspeisen

Bananen Royal Troubadix	Seite 40
Nußkaramellen à la Obelix	Seite 42
Wikinger-Eisbecher	Seite 44
Kleopatras exotische Torte	Seite 46
Belgischer Schokoladenkuchen	Seite 48
Apfelkuchen für Verliebte	Seite 50
Schokoladencreme nach Piratenart	Seite 52
Pfannkuchen aus der Neuen Welt	Seite 54
Wildschwein-Schokotrüffel	Seite 56

Getränke

Cäsars Cocktail Imperial	Seite 58
Zaubercocktail Gaius Bonus	Seite 60

Roquefortzwieback Majestix

Rezept für 4 Personen
Zubereitung: 10 Minuten
Backzeit: 15 Minuten
Material: eine große Tasse, eine Nußmühle, ein Messer, ein Backblech, ein Pfannenwender, ein Tablett
Ofen auf Stufe 5 vorheizen (150 Grad).

ICH SCHNEID SCHON MAL DEN KÄSE! OBELIX BRING UNS NOCH EIN BISSCHEN ZWIEBACK!

ZUTATEN

- 8 Zwiebäcke
- 200 g Sahnequark
- 50 g Roquefortkäse
- 25 g geschälte Nüsse
- 50 g weiche Butter
- schwarzer Pfeffer oder Cayenne

Mit der Gabel den Roquefortkäse in der Schüssel zerdrücken.

Den Quark dazugeben.

Die Nüsse mahlen und alles gut zusammenmischen.

Probieren und nach Geschmack mit dem Pfeffer abschmecken.

Die Zwiebackscheiben vorsichtig mit der weichen Butter bestreichen, damit sie nicht brechen.

Auf das Backblech legen und die Roquefort-Paste auf die Zwiebackscheiben streichen.

Das Blech in den Ofen schieben und auf Stufe 5 etwa 15 Minuten backen.

Die Zwiebäcke mit dem Pfannenwender vom Blech nehmen und auf das Tablett legen.

BIST DU SICHER, DASS DAS FÜR UNS BEIDE REICHT?

IST GUT, MAJESTIX!

Römische Liegen

Rezept für 24 Liegen
Zubereitung: 15 Minuten;
keine Backzeit
Material: ein Küchenmesser, ein normales Messer, ein Löffel, ein Brettchen, ein flacher Teller, ein großes Küchensieb, Küchenpapier, ein Tablett oder eine Platte.

OHNE LIEGEN HAT KEIN GELAGE DEN NAMEN RÖMISCHE ORGIE VERDIENT!

ZUTATEN

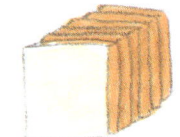

- 6 Toastbrotscheiben
- 100 g weiche Butter 
- 2 Eßlöffel Senf 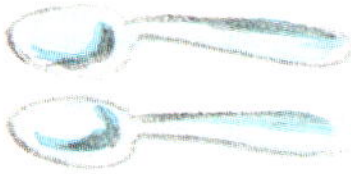
- 6 abgepackte Schmelzkäsescheiben 
- 24 Kresseblätter 
- 6 Radieschen 

Die Rinde der Toastbrotscheiben mit dem Messer abschneiden.

Im Teller die weiche Butter mit dem Senf vermischen.

Die Brotscheiben mit dieser Mischung bestreichen und in 4 Teile schneiden.

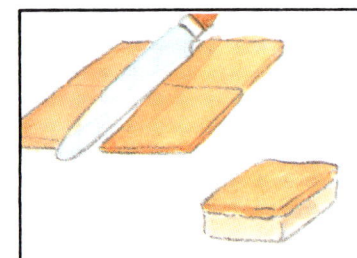

Die Käsescheiben ebenfalls vierteln und auf die 24 Brotstückchen legen.

Kresse und Radieschen waschen und mit Küchenpapier trocknen.

Wurzeln und Blattansätze der Radieschen abschneiden und jedes in 4 Scheiben schneiden.

Die Liegen auf dem Tablett oder der Platte verteilen.

Auf jede Liege ein trockenes Kresseblatt legen.

Zum Schluß auf jedes Kresseblatt eine Scheibe Radieschen setzen.

DIE SPINNEN DIE RÖMER!!

KNACKIGER SALAT FÜR LEGIONÄRE

Rezept für 4 Personen
Zubereitung: 20 Minuten
Kochzeit: 15 Minuten
Material: ein kleiner Kochtopf, ein Eßlöffel, ein Küchenmesser, 2 tiefe Teller, eine kleine Schüssel, ein Salatsieb, eine Salatschüssel.

WIR WERDEN MIT SALAT BEWORFEN! IN KRABBENFORMATION!

ZUTATEN

- 200 g Krabbenformfleisch oder Grönlandkrabben (Dose)
- 2 Avocados 
- ein Römersalat 
- eine Grapefruit 
- 2 Eier 
- eine Zitrone 
- ein Glas mit 250 g Mayonnaise 

Im Topf Wasser erhitzen, um die Eier zu kochen.

Wenn das Wasser sprudelt, die Eier vorsichtig mit dem Löffel hineinlegen und 12 Minuten kochen lassen.

Die Eier herausnehmen, sofort unter kaltem Wasser abschrecken und schälen.

Die Grapefruit schälen, von den Schnitzen die Haut abziehen und den Saft dabei auffangen.

Schale und Kern der Avocados entfernen.

Avocados kleinschneiden und die Zitrone darüber auspressen.

Die äußeren Blätter des Salats wegwerfen, die schönen Blätter waschen und im Sieb gut abtropfen lassen.

Den Salat, die Avocados und die Grapefruitschnitze (ohne Saft) in die Schüssel geben.

Formfleischstücke oder Krabben abtrocknen und dazugeben.

Die hartgekochten Eier in Scheiben schneiden und obendrauf legen.

In der Tasse die Mayonnaise mit dem Grapefruitsaft mischen...

...und kurz vor dem Servieren über den Salat gießen.

HE, JUNGS! KRABBE HAT ER GESAGT, NICHT SCHILDKRÖTE!

SARDINENSCHNITTEN VERLEIHNIX

Rezept für 4 Personen
Zubereitung: 15 Minuten
Kochzeit: 10 Minuten
Material: ein Dosenöffner, eine Schüssel, eine Gabel, ein mittelgroßer Kochtopf, ein Schneebesen, eine Tasse, ein Messer, eine Pfanne.

ZUTATEN

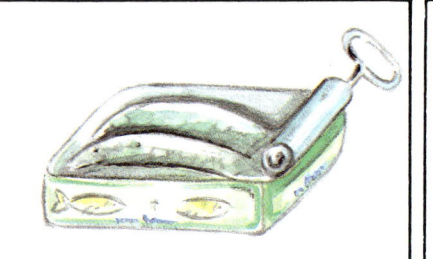

- eine Dose Ölsardinen
- 1/2 Glas Milch
- ein gestrichener Eßlöffel Mehl
- 100 g geriebener Käse
- ein Ei
- 50 g Butter
- ein Teelöffel Öl
- Salz
- Pfeffer
- 8 Toastbrotscheiben

SIND SIE NICHT KÖSTLICH...

1. Sardinendose öffnen und das Öl in die Schüssel gießen.

2. Sardinen entgräten, in die Schüssel dazugeben und mit dem Öl zu einer Paste zerdrücken.

3. Die Milch im Kochtopf langsam erwärmen.

4. Wenn die Milch warm ist, den Käse und das Mehl einstreuen und mit dem Schneebesen verrühren.

5. Die Sardinenpaste aus der Schüssel dazugeben und den Topf vom Feuer nehmen.

6. Das Ei in die Tasse schlagen, salzen und pfeffern und mit der Gabel schaumig schlagen.

Das Ei in den Topf geben und untermischen.

Die Masse in die Schüssel gießen, verrühren und abkühlen lassen.

4 Brotscheiben mit der Sardinenmischung bestreichen...

...und die anderen 4 Brotscheiben darauflegen.

In der Pfanne die Butter bei schwacher Hitze schmelzen lassen. Etwas Öl zugeben, damit sie nicht braun wird.

Die Sardinenbrote auf jeder Seite 5 Minuten braten und heiß servieren.

... MEINE SARDINEN!

GEMÜSEFONDUE NACH SEEWIRTART

Rezept für 8 bis 10 Personen
Zubereitung: 40 Minuten
Material: ein Küchensieb, ein Messer, eine Gabel, ein Brettchen, eine Schale, ein großes rundes Brett.

ZUTATEN

- ein Blumenkohl
- ein Bund Radieschen 
- ein Stengel Staudensellerie 
- ein Bund Karotten 
- 300 g Sahnequark 
- 100 g Roquefortkäse 
- 100 g Crème fraîche 
- 2 Eßlöffel Essig 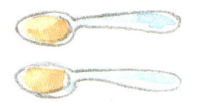
- Pfeffer, Salz

"UND BENEHMT EUCH JA ORDENTLICH BEIM ESSEN!"

Vom Blumenkohl die kleinen Röschen abpflücken und waschen.

Die Möhren schaben und abspülen. In bleistiftdicke Stäbchen schneiden.

Vom Sellerie die Blätter und das untere Ende abschneiden. Waschen und längs in 3 Teile schneiden.

Wurzelenden der Radieschen abschneiden, die Blätter dranlassen und gut waschen.

Mit der Gabel den Roquefortkäse in der Schale zerdrücken.

Die Crème fraîche, den Quark, Essig und Pfeffer dazugeben und mischen.

Die Soße probieren und wenn nötig etwas nachsalzen.

Die Schüssel in die Mitte des runden Bretts stellen und das Gemüse am Rand verteilen.

Jeder bedient sich selbst, indem er ein Stück Gemüse in die Soße tunkt.

WIRKLICH VORZÜGLICH! NUR ETWAS ZUVIEL KÄSE!

ICH HAB WOHL AUS VERSEHEN EIN... SCHWEIZER KÄSEFONDUE ZUBEREITET!

Exotischer Pampelmus-Salat

Rezept für 4 Personen
Zubereitung: 20 Minuten; **kein Kochen**
Material: ein Küchenmesser, ein Dosenöffner, ein Brettchen, ein tiefer Teller, ein Glas.

ZUTATEN

- eine kleine Dose Palmherzen
- eine Grapefruit 
- 4 Tomaten 
- 2 Avocados 
- eine Zitrone 
- 100 g schwarze Oliven oder Rosinen 
- Zitronen-Vinaigrette 

HEUTE GIBT ES EXOTISCHEN SALAT. DAS REZEPT HAB ICH VON EINEM MEINER AFRIKAFELDZÜGE MITGEBRACHT.

Die Tomaten in Scheiben schneiden und um den Tellerrand anordnen.

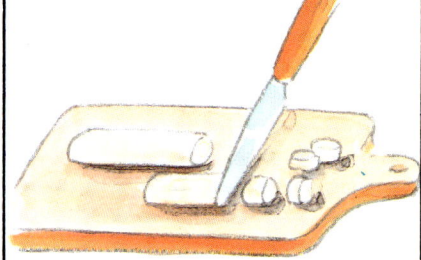

2 Palmherzen ganz lassen, alle anderen in Stücke schneiden.

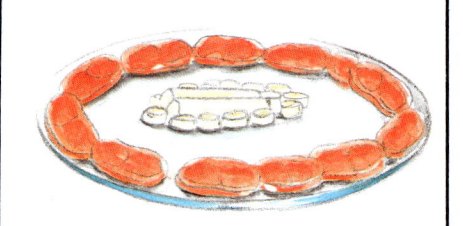

Die ganzen Palmherzen in die Mitte des Tellers legen und die Stückchen daneben legen.

Die Avocados in 4 Stücke schneiden. Kern und Schale entfernen.

Sofort mit Zitronensaft bestreichen, damit sie nicht braun werden.

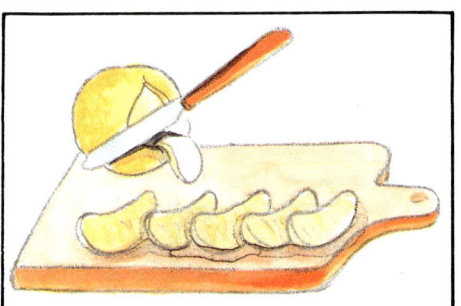

Die Grapefruit schälen und auch die Haut der Schnitze abziehen.

Die Grapefruit- und die Avocadostücke zwischen den Tomaten und den Palmherzen verteilen.

Die Oliven dazwischenlegen. Wenn ihr Oliven nicht mögt, könnt ihr sie durch Rosinen ersetzen, die ihr vorher in heißem Wasser eingeweicht habt.

Kurz vor dem Servieren ein Glas Vinaigrette über den Salat gießen.

PAMPELMUS, DU BIST DER BESTE KOCH VON ALLEN LEGIONEN CÄSARS!

NACH 18 JAHREN MILITÄRDIENST IN ALLER WELT LERNT MAN EBEN SO EIN ODER ZWEI DINGE.

Bunter Druidensalat

Rezept für 4 Personen
Zubereitung: 30 Minuten
kein Kochen
Material: ein Küchenmesser, ein Brettchen, ein Schälmesser, eine Schale, eine Salatschüssel.

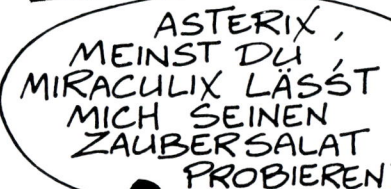

ZUTATEN

- 12 Speckschaum-Zuckerwürfel (Marshmallows)
- 1/2 Weißkohlkopf 
- 3 Scheiben Ananas aus der Dose
- eine grüne Paprikaschote 
- 3 Karotten 
- eine Zitrone 
- 1/2 Glas Mayonnaise 
- 2 Eßlöffel Crème fraîche 
- Salz 
- Pfeffer

„ASTERIX, MEINST DU MIRACULIX LÄSST MICH SEINEN ZAUBERSALAT PROBIEREN?"

Vom Kohl die welken Blätter entfernen, danach den Kopf kurz abwaschen.

Den Kohlkopf erst in Scheiben schneiden und dann in feine Streifen.

Die Paprikaschote ebenfalls kurz waschen...

...und in schmale Ringe schneiden. Falls innen Kerne sind, müßt ihr sie entfernen.

Die Karotten mit dem Schälmesser schälen und in dünne Stifte schneiden.

Die Ananasscheiben abtropfen lassen und in kleine Stücke schneiden.

Die Crème fraîche mit der Mayonnaise in die Schale geben. Zitronensaft hinzufügen, salzen, pfeffern und gut mischen.

Das Gemüse, die Ananasstücke und den Speck in die Salatschüssel geben.

Vor dem Servieren die Soße darübergießen und vorsichtig unterheben. Falls nötig, nochmals salzen und pfeffern.

SO, DA HAST DU DEN SALAT!

?

Orandschades gefüllte Tomaten

Rezept für 4 Personen
Zubereitung: 15 Minuten
kein Kochen
Material: ein Küchenmesser, eine Gabel, ein Küchensieb, ein Teelöffel, eine Schüssel, ein Brettchen, eine Kräutermühle, ein Tablett.

> ORANDSCHADE ERWARTET UNS ZUM ESSEN. SIE WIRD UNS IHRE SPEZIALITÄT SERVIEREN!

ZUTATEN

- 8 mittelgroße, feste Tomaten
- 2 Avocados 
- eine Zitrone 
- eine grüne Paprika 
- eine kleine Zwiebel 
- Salz 
- 2 Eßlöffel Mayonnaise  

Von den Tomaten einen Deckel abschneiden und beiseite legen. Tomaten mit dem Löffel aushöhlen.

Die Innenseiten der Tomaten leicht salzen und umgedreht in das Sieb legen.

Avocados schälen und den Kern herausnehmen. In Stücke schneiden und in die Schüssel legen.

Die Avocados mit der Gabel zerdrücken und die Zitrone über der Schüssel auspressen.

Die Paprika säubern, in Ringe und dann in kleine Würfel schneiden.

Die Zwiebel schälen und möglichst klein schneiden...

...oder besser mit der Kräutermühle durchdrehen, falls ihr eine habt.

Paprika, Zwiebeln und Mayonnaise zu den zerdrückten Avocados in die Schüssel geben und mischen.

Die Tomaten mit der Creme füllen und die Deckel draufsetzen. Als Unterlagen können Salatblätter verwendet werden.

DEINE KOCHKÜNSTE SIND EIN ECHTES MÄRCHEN AUS 1001 NACHT, ORANDSCHADE!

RINDFLEISCHBÄLLCHEN AUS GERGOVIA

Rezept für 4 Personen
Zubereitung: 20 Minuten
Kochzeit: 40 Minuten
Material: eine Schüssel, eine Schale, ein Meßbecher, eine Gabel, eine Knoblauchpresse, eine Schaumkelle, ein großer Kochtopf, eine große tiefe Platte.

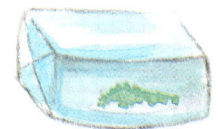

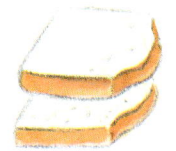

ZUTATEN

- 500 g Rinderhack
- 500 g tiefgefrorene grüne Erbsen
- 60 g Weißbrot 
- 2 Knoblauchzehen
- einen Teelöffel gemahlene Muskatnuß
- 2 Eßlöffel tiefgefrorene Petersilie 
- ein Ei
- Salz
- Pfeffer
- 20 cl Wasser
- 1/4 Glas Öl

ALSCHO DAMIT ESCH RISCHTIG GUT WIRD, MUSCH MAN VIEL PETERSCHILIE, MUSCHKAT UND SCHALTSCH DRANTUN!

Das Rinderhack in die Schüssel geben.

In der Schale mit warmem Wasser die Brotscheiben aufweichen. Mit den Händen das Wasser ausdrücken.

Das Brot zum Rinderhack geben und das Ei darüberschlagen.

Petersilie, Muskat, Salz und Pfeffer darüberstreuen.

Die 2 Knoblauchzehen mit der Presse über der Schüssel auspressen.

Mit den Händen oder einer Gabel alles gut verrühren.

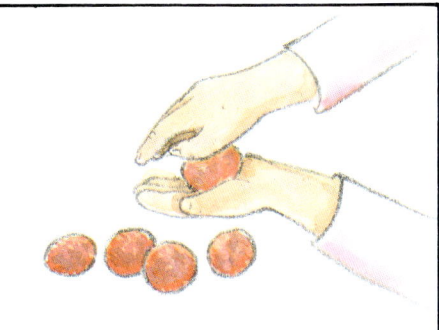

Mit den Händen etwa walnußgroße Kugeln formen.

Die 20 cl Wasser und das viertel Glas Öl in den Topf leeren und zum Kochen bringen.

Die Kugeln nacheinander mit der Schaumkelle in den Topf geben.

Auf kleiner Flamme 30 Minuten kochen lassen.

Die tiefgefrorenen Erbsen hineinschütten und 10 Minuten weiterkochen lassen.

Das Gericht auf die große Platte geben und servieren.

ASCHTERIX, DASCH SCHMECKT SCHAGENHAFT UND MASCHT BESCHTIMMT NISCHT DICK!

?!

SCHLÜRF! SCHLÜRF! SCHMATZ!

Spiesschen nach Art der Gladiatoren

GLADIATOREN, MIT WELCHEN WAFFEN WOLLT IHR KÄMPFEN?

Rezept für 4 Personen
Zubereitung: 15 Minuten
Kochzeit: 20 Minuten
Material: 4 Spieße, ein Brettchen, ein Küchenmesser, ein großer Topf, ein Holzlöffel, eine große Backschüssel (evtl. noch eine Pfanne und eine Knoblauchpresse).
Ofen auf Stufe 8 vorheizen (240 Grad)

ZUTATEN

- 600 g tiefgefrorene, rohe Riesengarnelen
- 2 Zwiebeln
- 50 g Pinienkerne
- 50 g gestiftelte Mandeln
- 50 g Rosinen
- 300 g Langkornreis
- ein Würfel Hühnerbrühe
- 2 Eßlöffel Honig
- 1/2 Glas Öl
- Salz
- Pfeffer

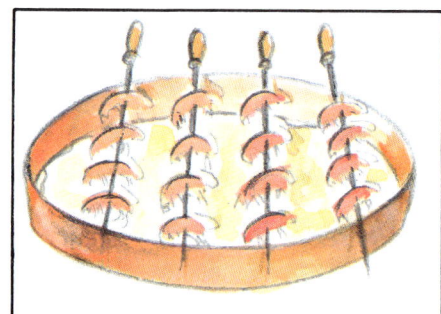

Die Garnelen auf die Spieße stecken und auf die Backschale legen. Mit dem Finger etwas Öl darüberstreichen.

Zwiebeln schälen und in kleine Würfel schneiden.

Das restliche Öl mit den Zwiebeln in den Kochtopf geben und bei mittlerer Hitze dünsten.

Wenn die Zwiebeln glasig sind, den Reis zugeben und umrühren.

Wenn auch der Reis glasig aussieht, mit 450 g Wasser auffüllen (= 1 1/2fache Menge vom Reis).

Den Brühwürfel und den Honig dazugeben. Bei schwacher Hitze kochen lassen, dabei öfter umrühren.

Nach 10 Minuten die Pinienkerne, Mandeln, Rosinen, Salz und Pfeffer zugeben.

Nochmals 10 Minuten kochen lassen. Wenn der Reis weich ist, vom Feuer nehmen.

Inzwischen die Backschale mit den Garnelen in den Grill oder den vorgeheizten Backofen schieben.

Im Grill müssen die Krabben auf jeder Seite fünf Minuten garen. Im Herd benötigen sie 10 Minuten pro Seite.

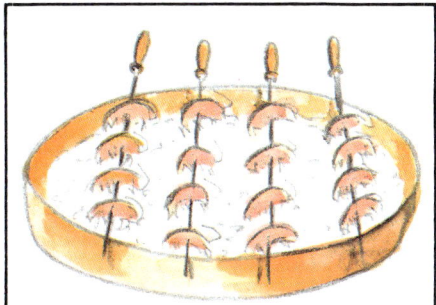

Die Spieße kurz von der Backschale herunternehmen, den Reis hineingeben und Spieße wieder darüberlegen.

Variante: Man kann die Krabben auch mit 2 Eßlöffeln Olivenöl und 2 gepreßten Knoblauchzehen in einer Pfanne anbraten.

ICH WERDE DIE SPIESS-TECHNIK ANWENDEN...

ICH VE'SUCH'S MIT DE' GA'NELENFANG-TECHNIK.'

UND ICH VERTEILE OHR-FEIGEN.' ALSO... DER NÄCHSTE BITTE, UND NICHT DRÄNGELN DA HINTEN.'

Hähnchenkeulen à la Gutemine

Rezept für 4 Personen
Zubereitung: 10 Minuten; **Bratzeit:** 1 Stunde
Material: ein Brettchen, ein Küchenmesser, ein Löffel, 2 Backschalen, ein Kochtopf (oder eine Mikrowellenschüssel), eine Schüssel.
Ofen auf Stufe 6 vorheizen (180 Grad)

Als wichtigster Würdenträger dieses Dorfes geniesse ich natürlich einen gewissen Respekt...

ZUTATEN

- 4 Hähnchenkeulen
- 4 Eßlöffel mittelscharfer Senf
- 8 dünne Scheiben Räucherspeck
- 2 Zwiebeln
- 200 g Sahne
- Salz
- Pfeffer
- eine große Dose Erbsen
- eine Tüte Chips

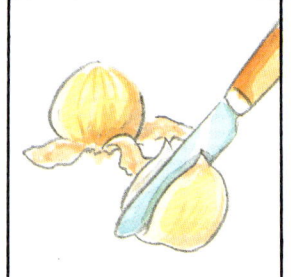

Zwiebeln schälen und auseinanderschneiden.

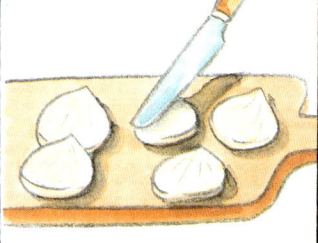

Auf dem Brettchen in Scheiben schneiden.

Die Zwiebelscheiben in die Backschale legen.

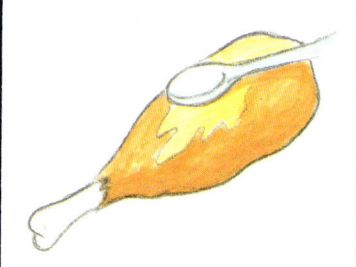

Jede Hähnchenkeule mit einem ganzen Eßlöffel Senf bestreichen.

Salzen und pfeffern. Um jede Keule 2 Scheiben Speck wickeln.

Die Hähnchenkeulen auf die Zwiebeln legen und die Sahne darübergießen.

Die Backschalen in den vorgeheizten Backofen schieben und auf Stufe 6 eine Stunde backen.

Nach 45 Minuten die Erbsen in den Topf geben und bei schwacher Hitze eine Viertelstunde erwärmen (6 Minuten in der Mikrowelle).

Wenn die Hähnchen gar sind, den Ofen ausschalten, die Chips in die 2. Backschale schütten und in der Restwärme des Ofens 5 Minuten erwärmen.

GUTEMINE, DU KANNST STOLZ DARAUF SEIN, DASS DU DIE FRAU DES UNUMSTRITTENEN CHEFS BIST. DIE ERSTE DAME SOZUSAGEN. ETWAS VON MEINEM RUHM STRAHLT AUCH AUF DICH AB UND ...

STATT BLÖDSINN ZU ERZÄHLEN, HILF MIR LIEBER DAS HÄHNCHEN ZU RUPFEN!

KARTOFFELAUFLAUF DER KOMPAGNIE

Rezept für 4 Personen
Zubereitung: 15 Minuten; **Backzeit:** 1 Stunde
Material: ein Schälmesser, ein Küchenmesser, ein Kochtopf, ein Küchensieb, eine Auflaufform, Alufolie.
Ofen auf Stufe 6 vorheizen (180 Grad)

ZUTATEN

- 800 g festkochende Kartoffeln
- 1 Liter Milch 
- 400 g Sahne 
- 2 Knoblauchzehen
- 1/2 Teelöffel gemahlene Muskatnuß
- 50 g Butter 
- Salz 
- Pfeffer 

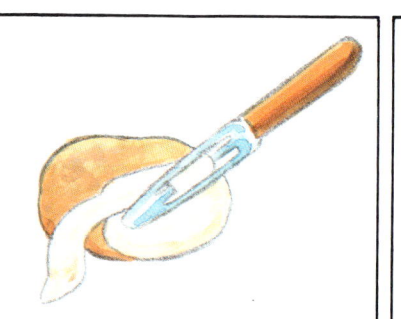

HEISSA, JUCHEE, KOMM ZUR ARMEE, HIESS ES DAMALS...

Kartoffeln mit dem Schälmesser schälen und waschen.

In dünne Scheiben schneiden und in den Kochtopf geben.

Die kalte Milch hineingießen, salzen, pfeffern und langsam erwärmen.

Den Topf vom Feuer nehmen, bevor die Milch überkocht. Kartoffeln in das Küchensieb leeren.

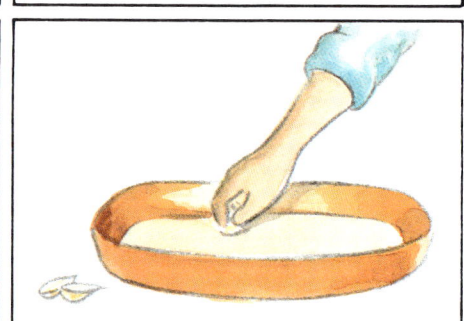

Knoblauchzehen halbieren und die Auflaufform damit einreiben.

Die Kartoffeln hineingeben.

Muskatnuß, Salz und Pfeffer in die Sahne rühren und über die Kartoffeln gießen.

Butterflöckchen über die Kartoffeln verteilen, damit die Oberfläche schön bräunt. Auf Stufe 6 eine Stunde im Ofen backen.

Falls der Auflauf zu schnell braun wird, mit Alufolie abdecken.

... UND ICH DACHTE, DIE MEINTEN WEHRDIENST NICHT KÜCHENDIENST!

TALENTIXBURGER

Rezept für 4 Hamburger
Zubereitung: 15 Minuten
Bratzeit: 12 Minuten
Material: ein Küchenmesser, ein Brettchen, eine Schüssel, eine Bratpfanne, ein Pfannenwender.

ZUTATEN

- 2 Zwiebeln
- 600 g Rinderhack 
- ein Eßlöffel Worcestersoße oder Maggi 
- ein Teelöffel Öl 
- 50 g Butter 
- 4 Hamburgerbrötchen 
- Salz 
- Pfeffer 

DIE TALENTIXBURGER SIND FANTASTISCH, LIEBER COUSIN! VERRÄTST DU MIR DEIN REZEPT?

Die Zwiebeln schälen und auseinanderschneiden.

Mit der Schnittfläche auf das Brettchen legen und in Scheiben schneiden.

Von der anderen Richtung noch mal durchschneiden, so daß kleine Zwiebelwürfel entstehen.

Das Hackfleisch mit den Zwiebeln und der Worcestersoße in die Schüssel geben.

Salzen und pfeffern. Mit den (sauberen!) Händen vermengen und 4 Kugeln formen.

In der Pfanne die Butter mit dem Erdnußöl bei schwacher Hitze zergehen lassen.

Die Fleischkugeln in die Pfanne legen und mit dem Pfannenwender vorsichtig flach drücken.

Bei mittlerer Hitze erst auf der einen Seite 5 Minuten braten, dann wenden und die andere Seite braten.

Die Brötchen auseinanderschneiden und das Fleisch hineinlegen. Sofort servieren.

KINDERLEICHT: ICH VERWENDE DAZU MEINE GOLDENE SICHEL!

?

HOT DOGS IDEFIX

Rezept für 4 Personen
Zubereitung: 5 Minuten
Kochzeit: 10 Minuten
Material: ein großer Kochtopf, ein Küchenmesser, ein Brettchen, eine Pfanne mit Deckel, ein Holzspatel.

ZUTATEN

- eine Baguette
- 4 Bockwürste
- 2 Zwiebeln
- 2 Eßlöffel Öl
- 4 Eßlöffel Senf

WAS DARF ICH AUFTISCHEN DEN HERRSCHAFTEN?

FÜR MICH BITTE EIN LAUWARMES HOT DOG*!

JAUL JAUL JAUL

*HOT DOG: HEISSER HUND

Im Topf Wasser aufsetzen, um die Würstchen zu kochen.

Den Ofen auf Stufe 3 (90 Grad) vorheizen.

Die Zwiebeln schälen und längs auseinanderschneiden.

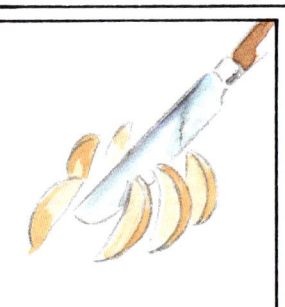

Dann jede Hälfte in feine Streifen schneiden.

Öl und Zwiebeln in die Pfanne geben und bei schwacher Hitze in der zugedeckten Pfanne 10 Minuten dünsten. Ab und zu umrühren.

Die Baguette in 4 Stücke schneiden und jeweils auf einer Seite aufschneiden.

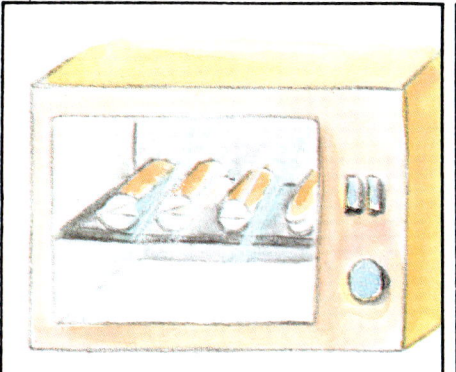

Die Brote zum Anwärmen in den Ofen legen.

Wenn das Wasser kocht, Würstchen hineingeben, Herd ausschalten.

Nach 10 Minuten das Brot aus dem Ofen holen...

...und auch die Würstchen aus dem Wasser nehmen.

Die gedünsteten Zwiebeln auf die Brote verteilen.

Die Würstchen hineinlegen und mit Senf bestreichen. Brot zusammenklappen und genießen...

WENN HIER JEMAND IDEFIX ANRÜHRT, KRIEGT ER EINE GELANGT!

Korsisches Risotto mit Hähnchen

Rezept für 4 Personen
Zubereitung: 30 Minuten
Kochzeit: 20 Minuten
Material: ein Brettchen, ein Küchenmesser, ein Kochtopf, ein Holzlöffel, ein Meßbecher, ein großer tiefer Teller.

He, wo bleibt mein Hähnchen?

ZUTATEN

- eine kleine Dose Tomatenmark
- 2 Zwiebeln 
- ein Würfel Hühnerbrühe 
- Salz, Pfeffer 
- 1/2 Glas Öl 
- 300 g Langkornreis 
- 70 g geriebener Käse 
- ein Teelöffel Kräuter der Provence 
- ein kleines vorgebratenes Hähnchen 

Zwiebeln schälen und längs auseinanderschneiden.

Mit der Schnittfläche auf das Brettchen legen und in Streifen schneiden.

Nochmals in der anderen Richtung durchschneiden, damit kleine Würfel entstehen. Mit dem halben Glas Öl in den Kochtopf geben.

Die 300 g Reis in den Meßbecher leeren, damit du die Menge ablesen kannst.

Vom Hähnchen die Haut abziehen, das Fleisch von den Knochen lösen und in kleine Stücke schneiden.

Öl und Zwiebeln bei mittlerer Hitze 2 Minuten dünsten. Den Reis dazugeben.

Ständig rühren, bis der Reis mit dem Öl verrührt ist und eine goldene Farbe hat.

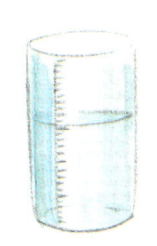

Ca. 450 g Wasser in den Meßbecher füllen (= die 1 1/2fache Menge vom Reis).

Das Wasser in den Kochtopf leeren. Brühwürfel und Tomatenmark dazugeben. Gut umrühren und zurückschalten.

Nach 10 Minuten die Hähnchenstücke hineingeben. Die Kräuter der Provence, eine Messerspitze Salz und etwas Pfeffer einstreuen.

Weitere 10 Minuten kochen lassen, dabei öfter umrühren, damit es nicht anbrennt.

Wenn der Reis gar ist, den Käse zugeben, mischen und auf den großen Teller geben.

GEDULD! ICH MUSS ERST BRENNHOLZ MACHEN...

UND ICH MUSS NOCH DAS HÄHNCHEN FANGEN!

Normannische Lachsspaghetti

Rezept für 4 Personen
Zubereitung: 15 Minuten;
Kochzeit: 10 – 12 Minuten
Material: ein großer Kochtopf, ein Brettchen, ein Küchensieb, eine Schale, ein Küchenmesser, ein Holzlöffel, 4 tiefe Teller.

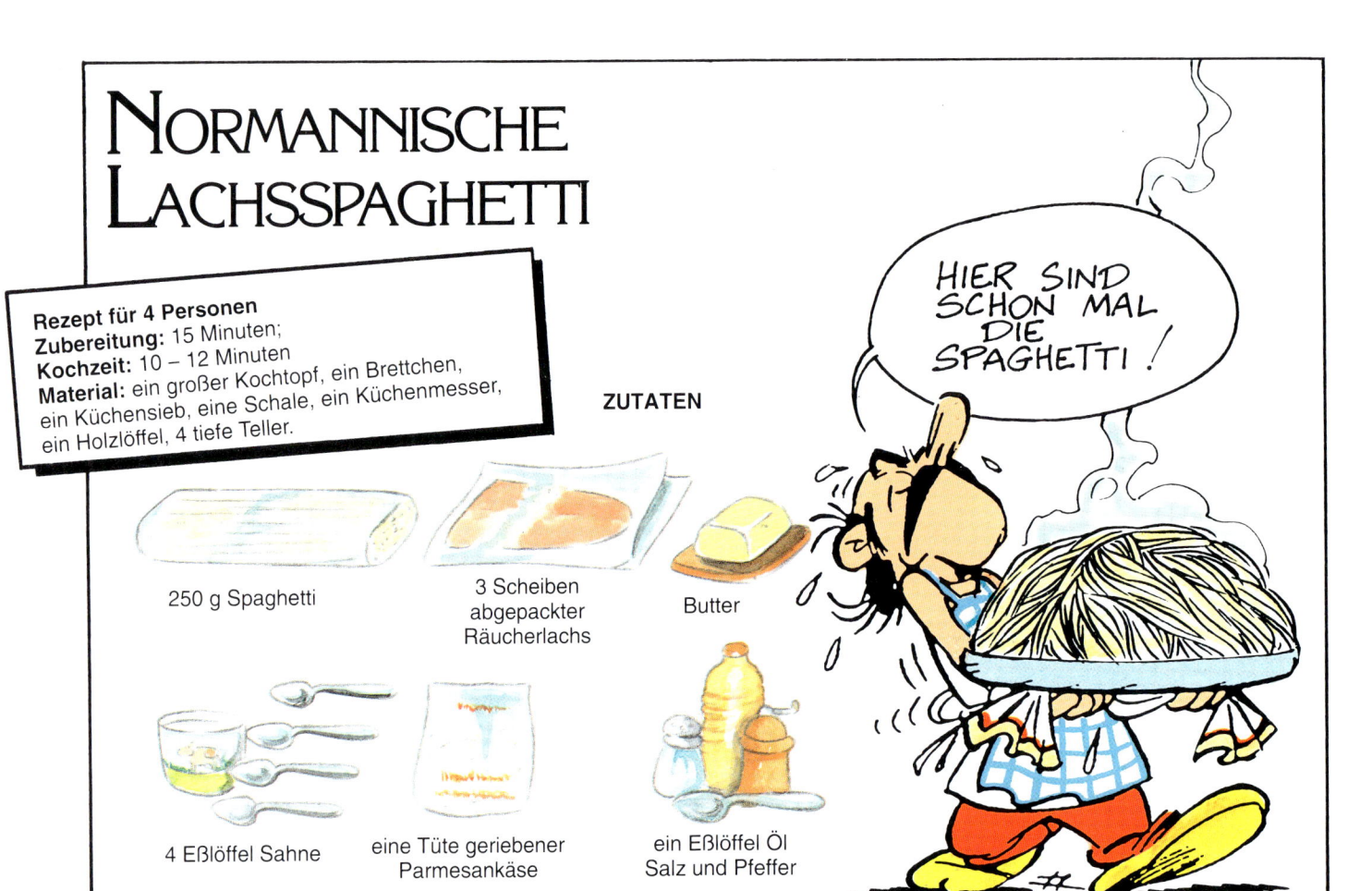

ZUTATEN

- 250 g Spaghetti
- 3 Scheiben abgepackter Räucherlachs
- Butter
- 4 Eßlöffel Sahne
- eine Tüte geriebener Parmesankäse
- ein Eßlöffel Öl, Salz und Pfeffer

HIER SIND SCHON MAL DIE SPAGHETTI!

Im Topf Wasser zum Kochen bringen. Das Öl und eine Messerspitze Salz hineingeben.

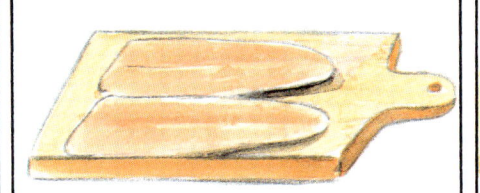

Die Lachsscheiben aus der Packung nehmen und auf das Brettchen legen.

Erst längs und dann quer in kleine Stücke schneiden.

Die Spaghetti in das sprudelnde Wasser geben. Umrühren und 10 – 12 Minuten kochen lassen.

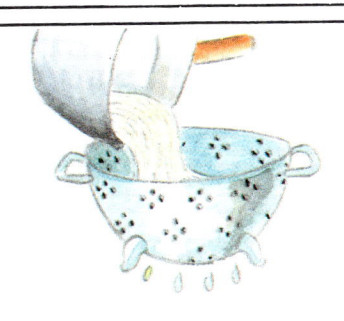

Probieren, ob die Spaghetti durch sind. Dann über dem Spülbecken in das Sieb gießen und abtropfen lassen.

Den Topf wieder auf den Herd stellen. Die Butter darin schmelzen lassen, dann die Spaghetti hineingeben.

Die Sahne dazugeben, mischen...

...und den Lachs darüberstreuen. Pfeffern, umrühren und vom Herd nehmen.

Die Spaghetti auf die Teller verteilen und servieren. Den Parmesankäse in einer Schüssel dazureichen.

WIR WOLLEN ABER UNSEREN LACHS DAZU HABEN!

JAWOLL!

HOCH LEBE MAULAF, UNSER CHEF...!

BANANEN ROYAL TROUBADIX

Rezept für 4 Personen
Zubereitung: 10 Minuten; **kein Kochen**
Material: 4 Dessertteller, Küchenpapier, ein Küchensieb, ein Messer, eine Schale, ein Schneebesen, ein Eßlöffel, ein Eisportionierer.

ZUTATEN

- 4 Bananen
- 250 g Erdbeeren
- eine Schale Himbeeren
- 4 Eßlöffel Johannisbeergelee
- eine Dose Schlagsahne
- 1/2 Liter Vanilleeis
- 4 Eiswaffeln

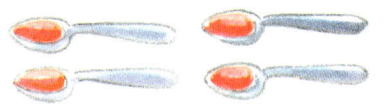

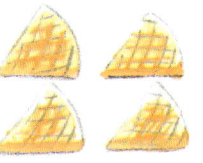

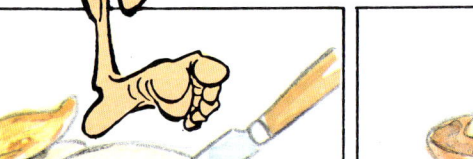

SOLANGE ER ISST SINGT ER WENIGSTENS NICHT!

Die Bananen der Länge nach auseinanderschneiden.

Auf jeden Teller 2 halbe Bananen legen.

Die Erdbeeren mit kaltem Wasser waschen.

Die Strünke auszupfen und die Erdbeeren auf dem Küchenpapier trocknen.

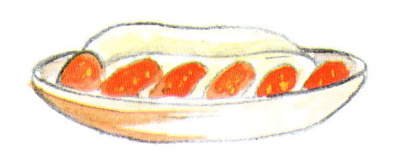

Die Erdbeeren halbieren und neben die Bananen auf die Teller legen.

Die Himbeeren nicht waschen und ebenfalls neben die Bananen legen.

Das Johannisbeergelee in die Schale geben und mit dem Schneebesen schlagen.

Auf jede Banane etwas Gelee geben.

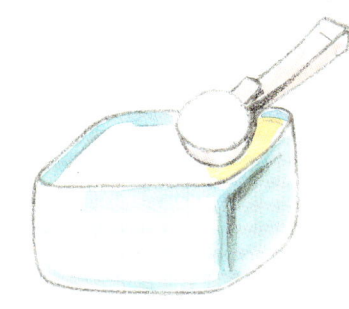

Das Eis mit dem Eisportionierer oder einem Eßlöffel aus der Verpackung löffeln.

Auf jeden Teller 2 Kugeln Eis setzen.

Die Dose mit Schlagsahne kräftig schütteln und nach Geschmack darübersprühen. Zum Schluß mit einer Waffel verzieren.

Schnell servieren, bevor das Eis schmilzt.

JETZT, WO ICH FERTIG GEGESSEN HABE, WERDE ICH EUCH MIT EINEM KLEINEN STÄNDCHEN ERFREUEN!

HMM?

Nusskaramellen à la Obelix

Rezept für 16 Karamelbonbons
Zubereitung: 25 Minuten
Kochzeit: 20 – 25 Minuten
Material: eine Pfanne, ein kleiner Kochtopf, eine Schüssel, ein Schneebesen, ein Küchenmesser, ein Backblech mit Antihaftbeschichtung, ca. 25 x 25 cm, ein Brettchen, ein Stück Alufolie, ein Tablett.
Ofen vorheizen auf Stufe 6 (180 Grad)

Jetzt ess ich nur noch das hier mit einer klitzekleinen Beilage...

Ach? Und das wäre?

ZUTATEN

- 100 g Bitterschokolade (mindestens 60 % Kakao)
- 2 Eier 
- 150 g Zucker 
- 100 g Mehl 
- 125 g Butter + 25 g Butter, um das Blech einzufetten 
- 100 g Haselnußkerne 
- Salz 

Für ein Wasserbad in der Pfanne Wasser erhitzen.

Die Schokolade in Stücke brechen und mit den 125 g Butter in den Topf geben.

Den Topf in die Pfanne mit kochendem Wasser stellen. Ständig rühren.

Wenn die Schokolade geschmolzen ist, vom Feuer nehmen. Herd ausschalten.

Mehl, Zucker und Eier in die Schüssel geben.

Eine Messerspitze Salz darüberstreuen und mit dem Schneebesen verrühren.

Die Nüsse auf dem Brett in kleine Stücke schneiden.

Die Nüsse zu der Mischung in der Schüssel geben und die geschmolzene Schokolade dazugießen.

Die 25 g Butter mit der Alufolie auf dem Boden und dem Rand des Backblechs verreiben.

Den Inhalt der Schüssel auf das Blech gießen und in den vorgeheizten Ofen schieben.

Nach 20 Minuten nachschauen: Die Oberfläche der Karamelmasse darf nicht mehr glänzen. Mit dem Messer in die Mitte stechen: Wenn die Klinge ein wenig feucht ist...

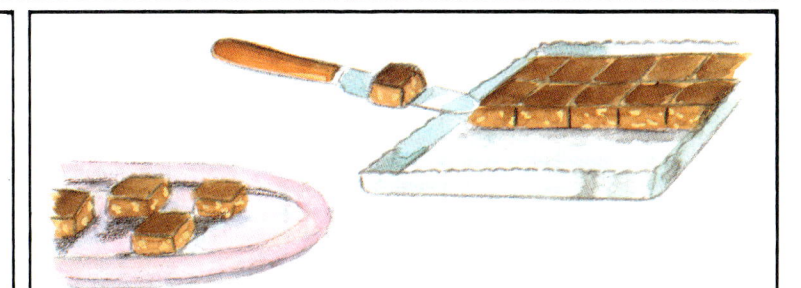

...kann das Blech aus dem Ofen genommen werden. Nachdem der Karamel abgekühlt ist, in Würfel schneiden und auf das Tablett legen. Die Karamelbonbons passen auch gut zu Vanilleeis.

EINEM WILDSCHWEIN, BEIM TEUTATES!

WIKINGER-EISBECHER

Rezept für 4 Eisbecher
Zubereitung: 10 Minuten
Kochzeit: 5 Minuten
Material: 4 große Eisbecher/Weingläser, ein kleiner Kochtopf, ein Schneebesen, ein Küchensieb, ein Küchenmesser, ein Eisportionierer.

ZUTATEN

- 1/2 Liter Erdbeereis 
- eine Packung kleine Baisers (Meringen) 
- 250 g Erdbeeren 
- eine Dose Schlagsahne 
- 6 Eßlöffel Johannisbeergelee

EISBERG DIREKT VORAUS!

Die Eisbecher in den Kühlschrank stellen, damit sie kalt werden.

Die 6 Löffel Johannisbeergelee in den Topf geben und die gleiche Menge Wasser zufügen.

Unter ständigem Rühren erhitzen. Vom Feuer nehmen, abkühlen lassen, ab und zu umrühren.

Erdbeeren waschen, abtropfen lassen und den Strunk auszupfen.

In jeden Becher 4 Erdbeeren geben (die großen auseinanderschneiden) und 2 oder 3 Meringen drauflegen.

Mit dem Eisportionierer in jeden Becher 2 Kugeln Erdbeereis geben.

Das abgekühlte Johannisbeergelee auf die 4 Becher verteilen.

Die Dose Schlagsahne schütteln und die Becher mit Sahne auffüllen.

Mit den restlichen Erdbeeren und Meringen verzieren.

BEI ODIN, DAS IST EIN EISBECHER! RUDERT SCHNELLER, MÄNNEN, SONST WERDEN WIR UNTER SPEISEEIS BEGRABEN!

KLEOPATRAS EXOTISCHE TORTE

Rezept für 6 Personen
Zubereitung: 15 Minuten; **Kochzeit:** 30 Minuten
Material: ein Küchensieb, 2 kleine Töpfe, eine teflonbeschichtete Kuchenform mit 24 cm Durchmesser, eine Schüssel, ein Schneebesen, eine Kuchenplatte.
Ofen vorheizen auf Stufe 6 (180 Grad)

GALLIER! ALS DANK FÜR EURE DIENSTE SCHENKE ICH EUCH EINE TORTE, DIE EINER KÖNIGIN WÜRDIG IST. SCHNEIDET SIE IN DREI TEILE.

ZUTATEN

- eine Dose Ananasscheiben
- 4 Eßlöffel Karamelsirup
- 100 g Butter
- 3 Eier
- 100 g Mehl
- ein Päckchen Trockenbackhefe
- 100 g Hagelzucker
- eine Messerspitze Salz

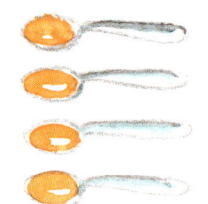

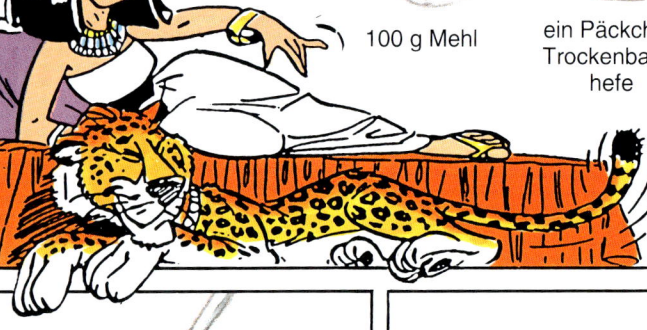

Die 4 Löffel Karamel in die Kuchenform geben...

...und mit dem Löffel gleichmäßig auf dem Boden und dem Rand verstreichen.

Die Ananasdose öffnen und den Saft durch das Sieb in den Topf gießen.

9 Ananasscheiben halbieren und eine Scheibe ganz lassen. Die Hälften wie abgebildet in der Kuchenform anordnen und die ganze Scheibe in die Mitte legen.

Den Zucker, das Mehl, die Hefe und das Salz in die Schüssel geben.

In dem anderen Topf die Butter langsam schmelzen lassen (oder in einer Schüssel 1 Minute in die Mikrowelle stellen).

Die drei Eier in die Schüssel schlagen und die geschmolzene Butter dazugeben.

Den Teig mit dem Schneebesen glatt schlagen.

Die Masse in die Form gießen und in den Ofen schieben (Stufe 6, mittlere Schiene).

Die Torte nach 30 Minuten aus dem Ofen nehmen und umgekehrt auf die Kuchenplatte stürzen.

Den Ananassaft im Topf 10 Minuten bei mittlerer Hitze erwärmen.

Den Saft über die Torte gießen und ruhen lassen. Man kann diese Torte kalt oder warm verzehren.

DREI STÜCKE, OBELIX!

WIESO? DAS SIND DOCH DREI STÜCKE!

ALTER VIELFRASS!

Rezept für 12 Personen
Zubereitung: 20 Minuten; **Backzeit:** 30 Minuten
Material: 2 Schüsseln, 2 Töpfe, 2 Schneebesen, ein Meßbecher, eine Waage, 1 kleines Sieb, eine große Schüssel, ein elektrischer Schneebesen, 2 teflonbeschichtete Kuchenformen mit 24 cm Durchmesser, eine Pfanne, eine Kuchenplatte, ein Messer.
Ofen vorheizen auf Stufe 6 (180 Grad)

BELGISCHER SCHOKOLADENKUCHEN

ZUTATEN

- 300 g Mehl
- 300 g Zucker
- 125 g Butter
- 100 g ungezuckertes Kakaopulver
- 200 g Kefir
- 100 g Kokosflocken
- ein Glas heißes Wasser
- 1 Teelöffel Vanillepulver
- 1 Teelöffel Backpulver
- ein Teelöffel Salz
- 2 Eier
- 200 g Bitterschokolade
- 200 g Sahne
- eine Dose Schlagsahne

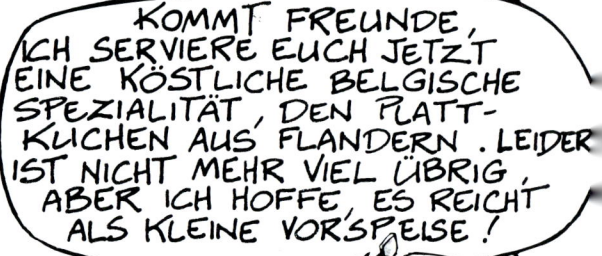

KOMMT FREUNDE, ICH SERVIERE EUCH JETZT EINE KÖSTLICHE BELGISCHE SPEZIALITÄT, DEN PLATTKUCHEN AUS FLANDERN. LEIDER IST NICHT MEHR VIEL ÜBRIG, ABER ICH HOFFE, ES REICHT ALS KLEINE VORSPEISE!

Kakao und heißes Wasser in die Schüssel geben und mit dem Schneebesen durchschlagen. Abkühlen lassen.

Im Topf die Butter auf kleiner Flamme schmelzen lassen (oder 1 Minute in einer Schale in die Mikrowelle stellen).

In der Schüssel die Butter und den Zucker mit dem Schneebesen schaumig schlagen.

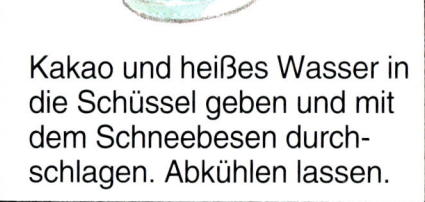

Die Eier aufschlagen, dabei das Eiweiß in die eine Schüssel und das Eigelb in die andere Schüssel geben. Eigelb mit dem Schneebesen verrühren.

Den aufgelösten Kakao dazuleeren und das Mehl einsieben. Salz, Vanillepulver, Backpulver und Kefir zugeben und alles gut verrühren.

Das Eiweiß zu Eischnee schlagen...

...zum Teig dazuleeren und vorsichtig unterheben.

Die beiden Kuchenformen einfetten. In jede Form die Hälfte des Teigs füllen. Bei Stufe 6 für 30 Minuten in den Ofen stellen.

Schokolade in den Topf geben und in eine Pfanne mit kochendem Wasser auf den Herd stellen. Rühren, bis die Schokolade geschmolzen ist, vom Feuer nehmen und die Sahne dazugießen.

Den ersten Kuchen auf die Platte stürzen. Ein Drittel der Schokoladencreme daraufstreichen und mit den Kokosflocken bestreuen.

Den zweiten Kuchen auf den ersten stürzen. Die restliche Schokoladencreme rundum verstreichen. In den Kühlschrank stellen.

Kurz vor dem Servieren die Schlagsahne darübersprühen.

FÜR MICH WIRD'S WOHL REICHEN!

NETTER APPETITHAPPEN, NICHT WAHR, ALTER?

Rezept für 4 bis 6 Personen
Zubereitung: 15 Minuten
Backzeit: 30 Minuten
Material: eine Schale, eine Schüssel, zwei Messer, eine flache Auflaufform, Küchenpapier.
Ofen vorheizen auf Stufe 9 (270 Grad)

APFELKUCHEN FÜR VERLIEBTE

ZUTATEN

5 schöne knackige Äpfel

50 g Rosinen oder eine Schale Himbeeren

150 g Mehl

200 g Zucker

150 g Margarine

ein Becher Sahne

NUN GIB IHR SCHON DEINEN APFELKUCHEN!

Bumm! Bumm! Bumm!

Wenn ihr Rosinen nehmt, müßt ihr sie zuvor in einer Schale mit heißem Wasser einweichen.

Das Mehl und den braunen Zucker in die Schüssel geben.

Die Margarine in drei Teile schneiden und dazugeben. In jede Hand ein Messer nehmen...

...und die Margarine so lange kleinschnippeln, bis ganz viele, mehlige Stückchen entstanden sind.

Die 5 Äpfel schälen und vierteln. Kerngehäuse und Stiel entfernen.

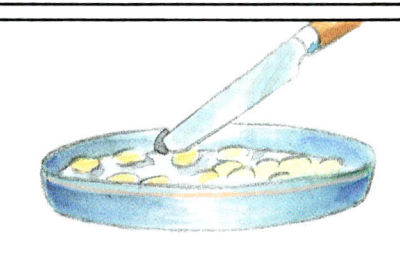

Die Äpfel in die Auflaufform geben und in kleine Stücke schneiden.

Die Rosinen aus dem Wasser nehmen und auf dem Küchenpapier trocknen.

Die Rosinen (oder Himbeeren) über die Äpfel streuen.

Die Mischung aus Mehl, Zucker und Margarine gleichmäßig über die Äpfel verteilen. Auf Stufe 9 in den Ofen schieben.

Die Temperatur nach 10 Minuten auf Stufe 6 herunterschalten und weitere 20 Minuten backen.

Der Kuchen ist fertig, wenn der Saft der Äpfel am Rand kleine Blasen bildet.

Den Kuchen warm oder lauwarm mit der flüssigen Sahne servieren.

OBELIX, DU BIST EIN SCHATZ! IN DEINEN KUCHEN WÜRDE SICH JEDES MÄDCHEN AUF DER STELLE VERLIEBEN!

SCHOKOLADENCREME NACH PIRATENART

Rezept für 4 Personen
Mindestens 2 Stunden vorher zubereiten
Zubereitung: 30 Minuten
Kochzeit: 15 Minuten
Material: eine Pfanne, ein kleiner Kochtopf, eine Tasse, ein Eßlöffel, ein Holzlöffel, eine Schüssel, ein Handrührgerät, eine große Schüssel, ein Holzspatel.

SCHIFF 'ANDVOLL MIT SCHOKOLADE!

DIE LADUNG SCHNAPPEN WIR UNS!

ZUTATEN

200 g Bitterschokolade (mit mindestens 60 % Kakao)

100 g Butter

4 Eier

2 Eßlöffel warmes Wasser

ein Eßlöffel löslicher Kaffee

Salz

In der Pfanne Wasser erhitzen für ein Wasserbad.

Die Schokolade in Stücke brechen und mit der Butter in den Topf geben.

In der Tasse das Kaffeepulver mit 2 Löffeln heißem Wasser auflösen.

Den Kaffee zu der Schokolade gießen und den Topf in die Pfanne mit dem Wasser auf den Herd stellen.

So lange rühren, bis eine Creme entstanden ist. Abkühlen lassen.

Die Eier aufschlagen, dabei das Eiweiß in die Schale und das Eigelb in den Topf geben. Eigelb sofort unterrühren.

Eine Messerspitze Salz über das Eiweiß streuen und zu Eischnee schlagen.

Die Schokoladencreme in die Schüssel gießen, dabei gleichzeitig mit dem Spatel den Eischnee dazugeben.

Vorsichtig den Eischnee unter die Schokoladenmasse heben. 2 Stunden im Kühlschrank ruhen lassen.

DIE HABEN UNS JA SCHÖN VERNASCHT!

WI'KLICH PECH, DASS WI' IMME' WIEDE' AUF DIE GALLIE' STOSSEN, CHEF!

DU WIEDER MIT DEINEN DUMMEN SPRÜCHEN!

BONG! BONG! BONG! BONG! BONG! BONG!

53

Pfannkuchen aus der Neuen Welt

DIESE PFANNKUCHEN AUS DER NEUEN WELT KANN MAN ...

HUGH!

Rezept für 18 Pfannkuchen
Zubereitung: 15 Minuten
2 Stunden ruhen lassen
Backzeit: 30 Minuten
Material: 2 Schüsseln, ein Schneebesen, ein grobmaschiges Sieb, Küchenpapier, eine kleine, teflonbeschichtete Pfanne, eine Schöpfkelle, ein Pfannenwender.

ZUTATEN

- 4 Eier
- 2 Päckchen Trockenbackhefe
- Sirup
- 500 g Mehl
- 1/2 Teelöffel Vanillepulver
- 2 Eßlöffel Zucker
- 1/2 Teelöffel Salz
- 3/4 Liter Milch
- Butter für die Pfanne

Mehl und Eier in die Schüssel geben und mit dem Schneebesen verrühren.

Unter ständigem Rühren langsam die Milch dazugießen.

Zucker, Hefe, Salz und Vanille hinzugeben und verrühren.

Den Teig durch das Sieb in die andere Schüssel gießen, um die Klümpchen abzuseihen. 2 Stunden ruhen lassen.

Butter in die Pfanne geben und mit Küchenkrepp verreiben. Pfanne langsam erhitzen.

Ungefähr eine halbe Schöpfkelle Teig sachte in die Pfanne gießen.

Wenn die Masse fest ist, mit dem Pfannenwender anheben und prüfen, ob die Unterseite schön braun ist. Umdrehen...

...und ca. 2 Minuten auf der anderen Seite backen, dabei aufpassen, daß der Pfannkuchen nicht anbrennt.

Etwas Sirup über die Pfannkuchen gießen und sofort verzehren.

... IN ALLER FREIHEIT GENIESSEN !

WILDSCHWEIN-SCHOKOTRÜFFEL

Rezept für 40 Trüffel
Zubereitung: 30 Minuten
Kochzeit: 20 Minuten
Material: ein kleiner Topf, ein Holzlöffel, 2 tiefe Teller, ein Teelöffel, ein Tablett.

ZUTATEN

- eine Dose Kondensmilch
- 20 g Butter
- 2 Eßlöffel gezuckertes Schokoladenpulver
- 1 Päckchen Schokostreusel
- 40 Papiermanschetten für Pralinen

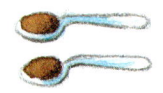

TRÜFFELN MAG ICH NUR OHNE SCHOKOLADE!

SCHNÜFF! SCHNÜFF!

Milch, Butter und Schokoladenpulver in den Topf geben.

Auf kleiner Flamme erhitzen und mit dem Holzlöffel ständig umrühren, bis eine geschmeidige Masse entsteht.

Wenn sich die Schokoladenmasse mit dem Löffel hochziehen läßt...

...in einen tiefen Teller gießen und erkalten lassen.

Mit dem Teelöffel haselnußgroße Portionen ausstechen...

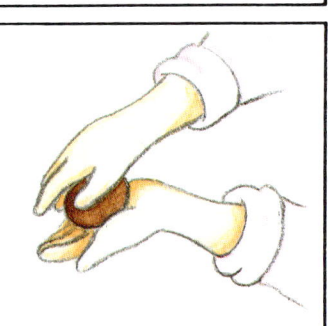

...und mit den Händen Kugeln formen.

Die Schokostreusel in den anderen Teller schütten und die Schokoladenkugeln darin wälzen, bis sie ringsum mit Streuseln bedeckt sind.

Die Trüffel in die Papiermanschetten auf das Tablett legen.

ICH MAG WILDSCHWEINE, TRÜFFELN UND SCHOKOLADE!

!?

ALTES LECKERMAUL!

CÄSARS COCKTAIL IMPERIAL

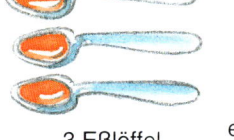

Rezept für 4 große Gläser
Zubereitung: 10 Minuten
Material: 4 große Saftgläser, ein Saftkrug, eine Zitronenpresse, 2 tiefe Teller, ein Schneebesen, ein Messer, ein Brettchen.

ZUTATEN

- 2 Gläser Orangensaft (= 25 cl)
- ein Glas Ananassaft
- ein Glas Grapefruitsaft
- 3 Eßlöffel Grenadinensirup
- eine ungespritzte Orange
- 1/2 Zitrone
- 2 Gläser Mineralwasser
- 2 Eßlöffel Puderzucker

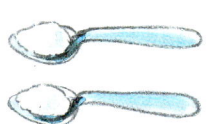

DIESES GETRÄNK IST CÄSARS WÜRDIG!

Den Orangensaft, den Ananassaft und den Grapefruitsaft in den Krug leeren.

Grenadinensirup zugeben und mit dem Schneebesen verrühren.

Die halbe Zitrone auspressen und den Saft in einen Teller gießen.

Den Puderzucker in den anderen Teller schütten.

Die Gläser mit dem Rand erst in den Zitronensaft tauchen...

...und dann in den Puderzucker.

Die Gläser haben nun einen Zuckerrand.

Die Orange auf dem Brettchen in 4 Scheiben schneiden.

Jede Scheibe bis zur Mitte einschneiden.

Das Mineralwasser in den Krug gießen und umrühren.

Den Cocktail auf die vier Gläser verteilen und jeweils einen Eiswürfel hineingeben.

Zum Verzieren auf jedes Glas eine Orangenscheibe stecken.

> MUSS ICH KLEOPATRA PROBIEREN LASSEN. DIE HAT EINE NASE FÜR SO ETWAS.!

ZAUBERCOCKTAIL GAIUS BONUS

Rezept für 4 große Gläser
Zubereitung: 10 Minuten
Material: ein Saftkrug, eine Zitronenpresse, 2 tiefe Teller, 4 große Saftgläser, ein Schneebesen, ein Brettchen, ein Küchenmesser.

HEHE!! MIT DIESEM ZAUBERCOCKTAIL, DEN ICH DEN GALLIERN GESTOHLEN HABE, WERDE ICH BALD CÄSAR ANSTELLE VON CÄSAR SEIN!

ZUTATEN

- 2 Gläser Grapefruitsaft (= 25 cl)
- ein Fläschchen reiner Zitronensaft (= 20 cl)
- 2 Eßlöffel Puderzucker
- 2 Eßlöffel Limonensirup
- ein Glas Ananassaft
- eine Zitrone
- 4 Eiswürfel

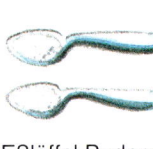

Den Grapefruitsaft, den Ananassaft und den Limonensirup in den Krug gießen und mit dem Schneebesen verrühren.

Die Zitrone mit warmem Wasser abwaschen.

Zitrone auseinanderschneiden, eine Hälfte auspressen und den Saft in einen Teller gießen. Die andere Zitronenhälfte beiseitelegen.

In den anderen Teller 2 Löffel Puderzucker streuen.

Die Gläser nacheinander mit dem Rand erst in den Zitronensaft und dann in den Puderzucker tauchen.

Die Gläser haben einen Zuckerrand.

Die andere Zitronenhälfte in 4 Scheiben schneiden und jeweils bis zur Mitte einschneiden.

Den Zitronensaft in den Krug gießen und umrühren.

Den Cocktail auf die 4 Gläser verteilen, jeweils einen Eiswürfel hineingeben und auf den Rand eine Zitronenscheibe stecken.

VERDAMMT HAARIGE SACHE, DIESE MIXTUR!